LE CLÉRICALISME ET LE SÉCULARISME

PANÉGYRIQUE

DE

SAINT NORBERT

PRONONCÉ

DANS L'ÉGLISE ABBATIALE DE St-MICHEL-DE-FRIGOLET

le 11 juillet 1876

Par M. l'Abbé **GONDRAND**, Chanoine,
Missionnaire apostolique

AVIGNON
FR. SEGUIN AINÉ, IMPRIMEUR-LIBRAIRE
13, rue Bouquerie, 13

1876

LE CLÉRICALISME ET LE SÉCULARISME

PANÉGYRIQUE

DE

SAINT NORBERT

PRONONCÉ

DANS L'ÉGLISE ABBATIALE DE St-MICHEL DE FRIGOLET

le 11 juillet 1876

Par M. l'Abbé **GONDRAND**, Chanoine,
Missionnaire apostolique

AVIGNON

FR. SEGUIN AINÉ, IMPRIMEUR-LIBRAIRE

13, rue Bouquerie, 13

1876

PANÉGYRIQUE

DE

SAINT NORBERT

> *Sancti de hoc mundo judicabunt.*
> Les saints nous diront ce qu'il faut penser du monde.
> (1ª ad Corinth. VI, 2).

Mon Très-Révérend Père, (1)

Pour résumer en un seul mot la grande vie et la grande œuvre de saint Norbert, il faut dire, en usant par pitié de la langue moderne : « Cette vie avec son œuvre, c'est *le cléricalisme prémontré et opposé*, dès le douzième siècle, au *sécularisme* du dix-neuvième. »

Il y a peu d'histoire qui résolve mieux cette question souverainement fondamentale : L'humanité ira-t-elle à Dieu ou à la bête ? Sera-t-elle esprit ou matière ? Lui faut-il la vie sans terme ou la mort sans retour ? A-t-elle son idéal, enfin, en Daniel ou en Nabuchodonosor ? Autrement dit : doit-elle être *cléricalisée* ou bien *sécularisée ?* (2).

---

(1) Le Révérendissime Père Edmond, Abbé de Notre-Dame de St-Michel à Tarascon.

(2) On comprend qu'il s'agit ici de la sécularisation dans le sens le plus générique, et surtout dans le sens que comporte ce mot en langage moderne. Car il y a une sécularisation cléricale, qu'on appelle ainsi *relativement* au *régulier monacal*,

Le génie de saint Augustin, passé depuis en Norbert, exposait admirablement ce sujet en disant que « Dieu a fait en l'homme deux choses, dont l'une approche du néant et l'autre de Lui-même l'Infini : *Duo fecisti, Domine, unum prope nihil, alterum prope te* » ; ce qui signifie que Dieu a établi, pour le genre humain, deux ordres de choses, dont l'un est à la base et l'autre au sommet de nos destinées en ce monde ; que le premier de ces deux ordres est *séculier*, c'est-à-dire *temporaire* et attendant un complément supérieur ; que le second est *clérical*, c'est-à-dire *définitivement acquis à sa fin*, et embrassant sa perfection qui est Dieu. L'ordre *séculier* devenu *irrégulier* de par la chute, ne peut, tout seul, que se ruer à la décadence en violant les lois du progrès religieux. L'ordre clérical essentiellement *régulier* de par la Rédemption, suit la loi universelle de ralliement à Dieu qu'on appelle Religion, et reste ainsi l'ordre *légal*, l'ordre *légitime*, l'ordre harmonieux de la vraie civilisation.

Or, ce que nous nommons désormais *séculier*, c'est le *naturel* sans réforme, le *matériel* sans épuration et le *temporel* sans avenir. Mais ce que nous nommons *clérical*, c'est le *surnaturel* qui nous régénère, le *spirituel* qui nous illustre, *l'éternel* qui nous béatifie, et les hommes qui feront prévaloir le cléricalisme contre le sécularisme, auront seuls le droit d'être appelés civilisateurs.

Vous comprenez déjà, par conséquent, le genre d'hommage que je veux dédier au Patron de cet illustre monastère et à celui qui a si bien ressuscité son esprit parmi nous.

En considérant tour à tour saint Norbert comme chrétien, comme moine et comme évêque, nous admirerons et bénirons en lui :

1° Le Surnaturel s'emparant de la nature pour y restaurer la grâce de Dieu ;

2° Le Spirituel triomphant de la matière pour y établir la vertu de l'homme ;

3° L'Éternel disposant du temps pour y perpétuer le règne du Médiateur.

O Marie, qui avez inspiré cette grande perfection, inspirez-moi aujourd'hui l'éloge qui lui est dû. — *Ave, Maria.*

pour dire l'*infériorité* d'un hommage religieux, mais non point le *refus* de cet hommage, comme le suppose la sécularisation absolue. Chaque fois que le lecteur rencontrera dans ce discours les mots *séculier*, *régulier*, il voudra bien se souvenir de cette note et de cette distinction, afin de ne leur attribuer que le sens ressortant du contexte.

PREMIÈRE PARTIE

Nous savons tous, mes frères, ce que c'est que la grâce de Dieu s'imposant à la nature de l'homme comme une greffe franche sur une tige sauvage. Le *sécularisme* croit pouvoir s'en passer, et pour dire qu'il s'en passe, il s'appelle *naturalisme*, c'est-à-dire, *croyance*, *confiance* et *obéissance* aux seules prérogatives de la nature.

Si vous me demandez ce qu'il faut entendre par ce mot : *nature humaine sécularisée* ou soustraite à la grâce de Dieu, je répondrai : c'est une pauvre vie qui ne veut : ni *vérité* de Dieu à apprendre, ni *secours* de Dieu à recevoir, ni *loi* de Dieu à respecter. Pour elle, pas de révélation divine, sa raison lui suffit : elle est *rationaliste;* pas de protection divine, la volonté la soutient : elle est *indifférente;* pas de législation divine, sa conscience la gouverne : elle est *libérale*. La nature humaine *sécularisée* est donc une vie *intellectuelle*, *sensible* et *active* qui a repoussé l'action positive de Dieu sur elle et qui ne veut pas des puissances ou des vertus divines de la *foi*, de *l'espérance* et de la *charité*, une vie sans règle supérieure à ses lois natives, une vie sans moyen de réintégration dans l'ordre primitif, par conséquent une vie *irrégulière*, parce qu'elle est *irréligieuse*.

Mes frères, donnons-nous vite le spectacle de la vraie grandeur humaine jetant son dédain sur cet abaissement du naturalisme impie. Le surnaturel qui incline Dieu jusqu'à nous pour nous élever jusqu'à lui ; le surnaturel qui divinise les facultés de l'homme, n'a jamais cédé la victoire à ce génie des amoindrissements, depuis que le prince de ce monde a été jugé par Jésus-Christ et par ses Saints : *Sancti de hoc mundo judicabunt*. Contre ces lois de la déchéance que réédite le siècle, je vois toujours et partout les miracles de la grâce que représente la sainteté. Je les vois surtout dans cette page de l'histoire où Abeilard pâlit de honte dans les bas-fonds de sa doctrine et de sa conduite vouées au naturalisme, comme le Rousseau de cette époque ; mais où, en même temps, Norbert resplendit de gloire dans les hauteurs de la lumière et de la perfection évangéliques, comme Bernard d'alors ou Liguori d'aujourd'hui.

Le surnaturel, c'est-à-dire la puissance expansive et régénératrice de Dieu en faveur du progrès humain, se donne toujours pour fin de transfigurer une vie par cet élément divin qu'on appelle la grâce. Il est lui-même cette grâce qui, de *puissance* de transformation, devient sur la nature une *existence* de perfection, un phénomène miraculeux de divinisation. Quand il s'empare d'une nature vulgaire, il peut y faire des prodiges; mais pour s'emparer d'une nature d'élite déjà armée contre lui de ses propres qualités, il a besoin de faire des victoires, et c'est alors que ses nobles vaincus deviennent non-seulement ses disciples, mais ses apôtres; non-seulement ses bénéficiers, mais ses thaumaturges.

Trois types merveilleux de cette création vivante et féconde de la grâce resplendissent dans nos annales de l'Église : Paul qui fut son révélateur, Augustin qui fut son défenseur et Norbert son héros si éclatant et si puissant dans ce siècle qui comptait déjà des professeurs de sécularisation et qui, d'autre part, sans nier formellement le *surnaturel*, tendait beaucoup trop à le confondre avec la supériorité du privilége humain.

Ah ! mes frères, où sera le chemin de Damas pour ce nouveau Saul que la nature, l'éducation et la fortune ont si bien doué en faveur du sécularisme ? Pour ce jeune seigneur qui n'est monté de sa famille pieuse jusqu'à une cour étourdissante, que pour y prendre le vertige des ambitions mondaines et s'y entendre répéter par les mille voix de la séduction, le *mitte te deorsum* de l'ange déchu ? Où sera l'Ambroise qui saura mettre au soleil de la vérité, de l'amour et de la justice cette haute intelligence, cette ardente ambition, cette puissante liberté ? Mon Dieu ! vous qui l'avez si *admirablement formé* et distingué parmi tous ces caractères de choix dont le monde embellit son faux prestige, comment allez-vous le *réformer plus admirablement encore* pour en faire le modèle attrayant de la *science* dans le mystère, de *l'ambition* dans le sacrifice et de la *puissance* dans la soumission ?

Vous savez probablement déjà, mes frères, l'histoire de ce coup de la grâce qui fit un saint exceptionnellement parfait, de ce jeune homme éperdu dans les tressaillements de la vanité. En tout cas, rappelez-vous les miracles de la conversion de saint Paul, et vous apprendrez, même en détails très-précis, ceux de la conversion de Norbert. Lui aussi, frémissant de zèle pour cette loi du monde qui succède à celle des Juifs pour crucifier Jésus-Christ, pour cette loi satanique de l'empire séculier qui se personnifiait alors dans un potentat persécuteur de la Papauté ; lui aussi, monté sur un coursier brillant, s'en allait jeter au grand air et étaler parmi les fleurs ses rêves orgueilleux d'avenir, lorsqu'un coup de foudre le prosterne à terre, et il entend, à son tour, cette parole céleste qui terrassa l'Apôtre des nations : « Norbert, pourquoi me persécutes-tu ? » (1)

Reconnaissez-vous là, mes frères, cette Providence militante qui commande aux tempêtes d'être ses ambassadeurs et au feu dévorant d'être son ministre ? *Qui facis angelos tuos spiritus, et ministros tuos ignem urentem.* N'est-ce pas le baptême de feu que Dieu accorde à une âme, entre le baptême d'eau de l'Église et le baptême de sang du monastère, pour que l'élément qui détruit tout, ajoute sa force à celui qui produit tout, et qu'ainsi, le sang composé d'eau et de feu, contienne, au jour du sacrifice religieux, le double hommage de la vie et de la mort ? N'est-ce pas le Saint-Esprit régénérant à nouveau par ses flammes qui créent la vie divine confirmée ? *Baptizabimini Spiritu Sancto et igni.* Oui, telle fut la renaissance surnaturelle et cléricale de Norbert ; elle n'a eu de pareille qu'en celle de l'apôtre que Jésus-Christ nommait son *vase d'élection*. Mais la grâce qui opère ainsi la *génération* supérieure des grandes âmes ne laisse pas celles-ci sans une *éducation* digne de leur nouvelle naissance, et Norbert trouva aussi son Ananie en ce saint abbé Conon qui sut si bien traduire en paroles vivifiantes les bruits de la tempête et les éclairs du feu : *Ignis, grando, nix, spiritus procellarum, quæ faciunt verbum ejus.* Ne nous étonnons pas qu'à cette *éducation* sublime se soit bientôt ajoutée une *profession* héroïque, et en admirant les moyens employés par cette toute-puissante *cause* qu'on appelle la *grâce*, bénissons surtout ses merveilleux *effets* dans la riche nature que le surnaturel vient d'envahir.

Vous me demandez, en effet, sans doute, ce que sont devenues en ce vaincu de la grâce, ses facultés natives de *penser*, de *jouir* et de *vouloir* ; vous voulez voir, en ce qu'il *sait*, en ce qu'il *sent* et en ce qu'il *fait*, le miracle de transformation qui s'est opéré chez lui.

Eh bien ! sa vie tout entière s'étale à vos regards pour vous répondre qu'il est maintenant le bienheureux illuminé de la raison divine ; que le Verbe, lumière indéfectible de tout homme venant en ce monde, a noyé son intelligence dans les rayonnements de sa révélation et que désormais ses yeux de voyant jettent des éclairs divins porteurs de la vérité dans les ombres du siècle : *Posuisti sæculum... in illuminatione vultus tui.* Sa vie nouvelle nous répond qu'il vient de trouver la perle précieuse de la foi, qu'elle éclate aussi réellement dans son esprit que la goutte de sang eucharistique qu'il contempla un jour dans le mystère de l'autel,

(1) Historique.

et qu'à tout jamais ses pensées ne sont pas autres que les pensées de Dieu, les pensées du Verbe incarné que la sagesse divine fonde et que la certitude glorifie, tandis que les pensées de l'homme s'agitent toujours dans le vide et se dissipent comme un nuage sous le souffle de la contradiction : *Non dicitur cogitatio, id est coagitatio Dei, sed verbum Dei dicitur* (1).

Ce qui vous répond surtout, mes frères, et plus éloquemment que jamais, c'est la vie apostolique de ce jeune chrétien devenu prêtre qui abandonne le *sécularisme* triomphant d'un empereur dont il est le favori, pour s'en aller demander mission et prendre langue aux pieds du *cléricalisme* suprême et *infaillible* exilé dans la vieille cité de Nîmes, à l'horizon même qui couronne cette noble abbaye (2). Ah ! si le don d'une foi exceptionnelle se prouve par le don du miracle, que dirons nous de cette richesse intellectuelle divinement acquise à Norbert? La foi du missionnaire encore seul à son œuvre rayonne partout, mais principalement dans la sphère des grandeurs sociales qui s'agenouillent devant sa raison divine du haut de la chaire des sciences, du piédestal des hérésies et du trône des pouvoirs. On le verra bientôt semblable à un inspiré du Cénacle, entraîner à sa suite la foule des pécheurs, arracher à leurs vices la foule des relâchés, accorder des conseils aux dignitaires de l'Église, imposer des terreurs aux maîtres du peuple, rendre la vue à des aveugles en soufflant sur leur front son haleine embaumée par l'Eucharistie, rendre la vie à des cadavres en les réchauffant de son étreinte humide de sueurs apostoliques et, à cause de tous ces prodiges de sa foi, recevoir d'Abeilard, rationaliste contemporain, le plus grand honneur que la sottise puisse faire au génie, ou que l'orgueil adresse d'ordinaire à l'humilité, l'honneur d'une satanique moquerie.

Difficile serait d'achever le portrait de cette nature transfigurée par la grâce qui s'en est emparé. En pensant comme Dieu, Norbert ne peut sentir et jouir que comme Dieu ; divinisé par ses idées, il doit l'être par ses sentiments, et l'éducation surnaturelle de son cœur va de pair avec l'illumination surnaturelle de son esprit. De toutes les fibres de sa poitrine comme de tous les projets de sa destinée se dégage toujours le besoin de brûler ce qu'il avait adoré et d'adorer ce qu'il avait brûlé, de couvrir de son dédain les vanités qui l'avaient séduit, et de poursuivre d'une ambi-

---

(1) Saint Augustin.
(2) Le pape Gélase II.

tion ardente les réalités impérissables de la richesse, de la beauté et de la gloire qui ne sont qu'en Dieu. C'est le noble aspirant du bonheur qui ne connaît pas la déception et le dégoût ; c'est le radieux inspiré de l'espérance *doux rêve d'un cœur éveillé*, cette extase du renoncement et de l'abnégation qui l'enlève au ciel, délivré des chaînes de l'amour humain, dépouillé de ses biens dont jouissent les pauvres, et détaché de sa propre vie qu'il a jetée au pied d'un autel avec la défroque de ses mondaines distinctions. Vous entendriez toute l'histoire de ses aspirations, de ses affections, de ses jouissances et de ses tressaillements, toute l'histoire enfin de sa vie du cœur, en l'entendant lui même s'écrier avec saint Paul : « Oubliant les choses rejetées derrière moi, et m'étendant vers celles qui priment dans l'éternel avenir, voici que je m'élance à la conquête de mon céleste sort » : *Quæ retro sunt obliviscens, ad ea vero quæ sunt priora extendens meipsum.*

Tels sont ses sentiments, qui nous disent eux-mêmes quelles sont ses volontés ; car celui qui n'aspire qu'à Dieu ne peut vouloir que ce que veut Dieu, et s'il veut ce que veut Dieu, en est-il moins glorieusement libre pour cela ? Et s'il n'en est pas moins libre, en est-il moins puissant ? *Je mettrai mes vouloirs en lui, a dit le Seigneur* et c'est ma volonté, maîtresse de la sienne, qui deviendra son *autorité*. N'est-ce pas là, M. F., le troisième miracle du surnaturel dans cette vie transformée de Norbert ? Cette grande autorité qu'il va exercer sur les âmes, ce pouvoir qui lui soumet les lois de la nature elle-même, cette fécondité qui le fait patriarche et souverain d'une noble et immense famille religieuse, n'est-ce pas à sa soumission à Dieu qu'il les doit, ou plutôt, n'est-ce pas la volonté même de Dieu régnant en lui qui les lui crée ? Ah ! Je n'ai jamais mieux compris comment servir du côté du Ciel, c'est régner, triompher et commander du côté de la terre ! Le *libéralisme* ne comprend pas plus cette royauté sociale naissant de l'esclavage religieux, que l'*indifférentisme* ne comprend la jouissance naissant du renoncement, ou que le *rationalisme* ne comprend la clairvoyance naissant du mystère ; mais les âmes surnaturalisées comme celle de notre héros protestent avec leurs glorieux attributs de régénérées contre ces doctrines abrutissantes de la sécularisation, et elles crient comme l'Apôtre, l'auréole au front, l'aile au cœur et le sceptre à la main : « C'est par la grâce de Dieu que je suis ce que je suis, et cette grâce n'a pas été stérile en moi ; » *Gratia Dei sum id quod sum, et gratia ejus in me vacua non fuit.*

DEUXIÈME PARTIE

Le chrétien est un homme surnaturalisé ; le religieux est un chrétien spiritualisé. Au premier de ces deux titres si éclatants en lui, S. Norbert flétrit, avec les rayons de sa gloire, l'orgueil du naturalisme insolent ; à titre de religieux modèle et fondateur, il flétrit, avec les épines de sa vertu, l'abjection du matérialisme abruti.

Qu'est-ce donc que ce nouveau degré du cléricalisme appelé *monachisme*, vis-à-vis de cet autre degré du sécularisme qu'on appelle *sensualisme* ? C'est la *vertu* d'un chrétien répondant à la *grâce* faite à un homme. J'appellerais volontiers la grâce qui régénère, une *incarnation* réitérée : *Christianus alter Christus*, et la vertu qui immole, une *rédemption* complétée : *Adimpleo quæ desunt passionum Christi*. Dans un chrétien donc, je vois un *Dieu donné* à l'homme, et dans un religieux je vois un *homme rendu* à Dieu. Mais comment ce religieux rend-il l'homme à Dieu ? en lui faisant le sacrifice de son corps, selon l'exemple de la divine Victime elle-même : *corpus aptasti mihi, ecce venio*.

Il est vrai de dire, en effet, que toute vertu et surtout la vertu monastique est toujours directement ou indirectement une immolation de la chair en faveur de l'esprit, un sacrifice du corps pour le triomphe de l'âme, et cette guerre intestine que se font en l'homme les deux substances qui le composent, s'il faut en croire le beau langage de saint Paul, n'est pas autre chose que la lutte engagée entre le sécularisme qui adore la matière et le cléricalisme qui sert l'esprit ; entre le sensualisme qui abrutit et le spiritualisme qui angélise, et principalement entre l'épicurisme du séculier et le monachisme du régulier.

Comment peindrai-je ce génie séculier qui combat pour la matière ? C'est le génie de la triple concupiscence visant toujours au triomphe des sens, même quand elle prend sa troisième expression dite *superbe de la vie*: *superbia vitæ*. On ne voit à son service et sous son étendard :

Que la concupiscence de la chair contre la vertu pénitente, qui est la chasteté ;

Que la concupiscence des yeux contre la vertu laborieuse qui est la pauvreté ;

Que la concupiscence de l'orgueil contre la vertu obéissante, qui est l'humilité.

Je comprends dès lors que le génie régulier qui combat pour

l'esprit ait créé parmi nous l'ordre monastique *pénitent* qui macère la chair, l'ordre monastique *actif* qui se fatigue au travail, l'ordre monastique *contemplatif* qui n'aspire qu'au devoir ; je comprends ces trois nobles catégories de religieux qui toutes se vouent à ces trois vertus et dont chacune fait son *esprit* propre de l'une d'elles. Mais ce que j'admire d'un regard émerveillé, c'est que notre Norbert ait été et nous ait créé des religieux ayant pour esprit spécial, tout à la fois, ces trois glorieux devoirs de la *pénitence*, du *travail* et de la *contemplation* sous les rigueurs disciplinaires de la chasteté, de la pauvreté et de l'obéissance. Eh bien ! c'est encore, en grand, le miracle du spirituel domptant le matériel pour établir la vertu de l'homme à la hauteur de la grâce de Dieu, si je puis m'exprimer ainsi. Oui, la vertu monastique appelée *perfection* évangélique et commandée par un *simple conseil* comme la grâce est commandée par un *pur amour*, la vertu monastique, dis-je, est, autant que possible, *une action de grâces égalant* le bienfait divin qu'elle a charge de reconnaître et d'utiliser. Voulez-vous savoir sa valeur ?.. Sa valeur, c'est le *mérite* à sa plus haute expression. Je le comparerais presque au mérite eucharistique du Sacrifice sacramentel où tout est pureté dans le fond, où tout est pauvreté dans la forme, où tout est obéissance dans le mouvement et je dirais sans hésiter : La vie religieuse, c'est l'Eucharistie humaine essayant de payer la divine Eucharistie. N'est-elle pas, en effet, elle aussi, la présence réelle d'une âme devant Dieu par la contemplation ; le sacrifice perpétuel d'une victime par la pénitence, la communion généreuse, la générosité même d'une bienfaitrice par le labeur ? Or, ne perdons pas de vue que, si c'est le surnaturel qui fait le chrétien doué de grâce, c'est le *spirituel* qui fait le religieux illustre de vertu ; ce n'est qu'à ce titre de soldat de l'esprit contre l'usurpation de la matière que le héros du cloître conquiert son mérite *personnel* et son mérite *réversible sur tous*.

Son mérite personnel, qu'est-il donc ? Sa *dignité* née de sa chasteté, ce qui veut dire l'honneur qu'il s'est acquis en guerroyant contre la concupiscence de la chair qui fait des brutes et pour la loi de l'esprit qui fait des anges. Saluons, M. F., un type magnifique de cette dignité céleste en Norbert recevant de la Vierge Immaculée le blanc vêtement qui en est le symbole, et la fécondité virginale qui vient de l'Esprit-Saint formateur des esprits sanctifiés.

Le mérite personnel du religieux, c'est sa *richesse* née de sa pauvreté, ce qui veut dire, la fortune qu'il a amassée en fatiguant ses forces dans le champ du père de famille, pour y faire germer les fruits de l'esprit aux dépens des fruits de la matière que saint Paul ne considérait que comme l'immonde engrais des récoltes spirituelles : *arbitror ut stercora.* Ah! vous parlez de la fortune consacrée au travail pour accumuler la fortune qu'adore le ventre! Parlez donc plutôt de l'opulence de Norbert, rejetée par lui dédaigneusement pour gagner, avec ses sueurs d'apôtre appauvri, le lucre divin qu'adore l'âme!

Le mérite personnel du religieux, c'est sa liberté née de son obéissance, ce qui veut dire l'indépendance et la puissance qu'il a obtenues en foulant aux pieds ces chaînes de l'orgueil qui prosternent la gloire humaine dans ses viles ombres de la vie présente, et qui ne permettent plus à une âme matérialisée d'aller la chercher là où elle ne s'évanouit pas. Allons! Quand la raison publique dispose d'une couronne, elle ne la décerne pas aux contemplateurs de leur propre droit, mais aux contemplateurs du droit divin qui exerce l'attrait suprême sur leur attentive soumission; elle l'a décernée, par les mille voix de l'histoire, à ce Patriarche des Prémontrés qui, de grand seigneur qu'il était, étalé dans *la superbe de cette vie*, ne voulut plus s'appeler que serviteur de Dieu, et comme la plus grande souveraineté de ce monde, le serviteur des serviteurs de Jésus-Christ.

Dirai-je encore ce que vaut à autrui cette vertu monastique ou religieuse conquise par les combats du spirituel contre la matière? Ah! ce serait l'important, si je parlais à un auditoire moins pieux! Toutefois je l'indique à la hâte.

Comme fondateur d'ordre, saint Norbert réédite saint Augustin, inspire saint Dominique et nous apparaît ainsi avec la figure du double apostolat qui sert l'Église dans ses résidences acquises et sur ses frontières à conquérir : *ibant bini et bini.* Il vous suffirait de lire l'histoire de ses nombreuses et gigantesques fondations par toute l'Europe, pour vous convaincre qu'un religieux de cette trempe ne s'habille pas de sa gloire sans orner l'humanité entière de ses rayons, et vous verriez qu'en établissant une pareille vertu dans un saint, le spiritualisme monastique réverse merveilleusement sur le monde les mérites qu'il produit.

Demandez à ces légions d'hommes chastes ce qu'ils vont communiquer au peuple de leur dignité étincelante sur les ruines de la chair. L'histoire vous répondra pour eux: ils vont lui donner le premier lustre de l'esprit, qui est l'instruction; ils vont pour cela ouvrir des écoles, fonder des universités, organiser les tournois de la science. Oh ! pour réussir à cette grande tâche, qu'ils ont bien fait de s'assurer à eux-mêmes les succès de l'étude en tuant chez eux le sens de la volupté, car la lumière intellectuelle ne traverse pas le sensualisme, et la vraie science, qui est la science du Verbe incarné, n'existerait pas pour le genre humain, si la virginité ne nous l'avait pas obtenue du Ciel: *munda carnem et videbis lumen.*

Demandez à ces grands ateliers de pauvres ce qu'ils produisent pour le peuple et ce qui lui revient de leur richesse. J'entends la voix des âmes et la voix des corps leur adresser des hymnes de reconnaissance du haut de tous les horizons civilisés. C'est le monde moral qui chante le don divin de la vérité, de la justice et de la paix : don divin, richesse inappréciable, luxe d'abondance et de grandeur que lui apportèrent l'enseignement, la prière et l'exemple des nobles ouvriers de la grâce de Dieu. C'est le monde animal lui-même qui répète le *sic vos non vobis* de Virgile, en pensant aux cloîtres qui l'ont nourri et à l'ombre desquels il vint apprendre à travailler pour vivre et à vivre pour travailler. C'est le monde artistique qui déploie ses merveilles en l'honneur du génie monastique, comme un décoré porte ses insignes en l'honneur de son souverain. Regardez ce monument, il résume les chefs-d'œuvre de maints pays où travaillèrent les Prémontrés !

C'est le monde souffrant faisant de ses clameurs de désespoir des cantiques d'amour pour ces travailleurs sans salaire qui ont bâti nos hôpitaux et qui, de leurs mains consacrées, y bercent encore toute douleur. C'est le monde sauvage qui chante en chœur le *credo* civilisateur de ces apôtres aux pieds radieux, courant partout évangéliser la paix ; c'est, en un mot, la voix de tous les progrès chrétiens qui acclame la religieuse perfection !

Si vous interrogiez nos grands siècles pour savoir ce que valurent à la société civile les muettes obéissances de nos moines contemplateurs et adorateurs de la divine volonté, ils vous diraient les belles leçons d'harmonie qui s'en dégagèrent pour que le *pouvoir* et le *devoir* ne fussent plus que les attributs parallèles d'une même famille.

Ah ! Mes Frères, ne laissons pas séculariser, c'est-à-dire matérialiser la politique, car c'est là où règne l'esprit religieux que réside la liberté : *ubi spiritus Dei, ibi libertas.*

Ne laissons pas séculariser la bienfaisance, car là où l'esprit religieux ne donne rien, il n'y a pas de faim assouvie : *non in solo pane vivit homo.*

Ne laissons pas séculariser la morale, car là où la matière domine, la conscience ne parle pas, et si l'esprit religieux ne vivifie pas les lois, les lois ne sont plus que des cibles pour la passion : *Spiritu oris ejus omnis virtus eorum.*

Ne laissons pas séculariser l'école, ou bien la lumière qu'on y puisera ne sera pas celle d'un flambeau qui éclaire, mais celle d'un incendie qui brûle les âmes : *Lumen ad revelationem gentium.*

Par conséquent, mes Frères, honneur et dévouement au spiritualisme vertueux de l'institution monacale de Norbert.

Puissé-je encore obtenir vos hommages pour son illustre épiscopat.

TROISIÈME PARTIE

Dans le chrétien je vois un Dieu donné à l'homme et réitérant l'Incarnation. Dans le religieux je vois un homme donné à Dieu et secondant la Rédemption. Dans l'évêque je vois un ministre établi entre Dieu et l'homme et perpétuant la médiation de Jésus-Christ.

Ainsi faut-il que je trouve dans l'Épiscopat ou le plein sacerdoce la notion de l'éternel disposant du temporel pour y continuer le règne du Médiateur suprême qui est le roi immortel des siècles, le sauveur Jésus ! Il s'agit donc maintenant du cléricalisme partisan de l'éternité contre le sécularisme partisan du temps. Si le surnaturel implique une grâce, et le spirituel une vertu, l'éternel implique un *état*, une permanence, une stabilité dans le régulier, et tel est le sens de la définition théologique de l'Épiscopat appelé *état de perfection : Status perfectionis.*

L'épiscopat, sacerdoce éternel, royauté sans terme, paternité du siècle futur, comme l'ont été le sacerdoce, la royauté et la paternité de Jésus-Christ, l'épiscopat *d'hier, d'aujourd'hui* et des *jours à venir*, tient du Médiateur qu'il représente, de pouvoir aussi s'approprier les siècles fugitifs, pour leur prédestiner les ressources des siècles infinis : *fide intelligimus aptata esse sæcula verbo Dei.* Il est, en toute durée circonscrite, le dispensateur de *la plénitude du temps* aux appelés de la vie éternelle. Aussi, sa mission étant de l'éternité, il ne traite ici bas du temporel qu'au profit de l'éternel et nous apparaît lui-même comme un être éternisé avec le but qu'il poursuit. Et voilà pourquoi :

Son caractère est ineffaçable,

Son pouvoir inaltérable,

Son œuvre indestructible.

Voilà pourquoi il est le régulier qui demeure, contre le séculier qui passe en fuyant.

Le séculier ou temporel est, en effet, par essence, chose transitoire et passagère, le *tenant des faits actuels*, contempteur des faits perpétuels qui n'ont pas leur réalisation en l'heure présente. On appelle ce sécularisme de ce mot étrange, *positivisme*, comme si tout ce qui doit finir n'était pas plus négatif que positif et plus fictif que réel.

Il n'en est pas moins vrai qu'il oppose :

Au caractère épiscopal, les badigeons d'une majesté éphémère ;

Au pouvoir épiscopal, les fluctuations d'une autorité mensongère ;

A l'œuvre épiscopale, les illusions d'une fin terre-à-terre.

Dire que Norbert fut un Évêque digne de son mandataire Jésus-Christ et de son suzerain le Pape, ce sera dire comment lui et ceux qui lui ressemblent, refoulent dans les oubliettes du bon sens tous ces sécularisateurs du ministère religieux ou social, qui se donnent la mission *positiviste* d'offrir à la pauvre humanité la *jouissance* dans la guerre au lieu de l'espérance dans la paix.

Eh bien ! l'Evêque de Magdebourg porta avec une dignité sans rivale la majesté de son caractère épiscopal. Pourquoi ? parcequ'il fut humble comme celui dont il a été dit : Lorsqu'il était *de la forme de Dieu*, il n'avait pas à se croire injuste en se proclamant Dieu, mais il s'anéantit jusqu'à prendre la forme d'un esclave ; *Cum in formâ Dei esset....*

Cette majesté dont l'éclat fut ambitionné par Cyrus qui se disait l'envoyé de Dieu, par Auguste, qui se disait son égal, par Attila, qui se disait son fléau et par tous les maîtres de ce monde, qui se dirent ses ministres ; cette majesté, reflet de Celui qui *est la splendeur du Père*, emprunte chez l'Évêque, à *l'humilité* du Christ, ses rayons d'ombre qui l'empêchent de se faner aux rayons de l'orgueil mondain, et quand je vois l'illustre Prélat Norbert repoussé par son concierge au moment même où il faisait son entrée triomphale dans son palais, et cela parceque ses traits de roi s'effaçaient sous une vêture d'indigent ; quand je l'entends dire à ce valet désolé de sa méprise, que *lui seul* parmi les acteurs de cette ovation, l'avait bien jugé et lui avait rendu justice, je m'écrie avec enthousiasme : **A la bonne heure !** voici encore la vraie majesté du Dieu caché : *vere tu es Deus absconditus !* voici encore la splendeur royale de celui qui se voila de nos misères pour nous apparaître plein de **grâce et de vérité !** et j'adore de nouveau en lui cet habillé de

blanc qui, de chez Hérode, s'en vint dire à Pilate qu'il était roi !.
C'est, M. F., que l'humilité a le don de relever la dignité et que
l'éclat encadré d'ombre se fait encore mieux ressortir en s'y protégeant dans le mystère contre les injures de l'effacement. Arrière
donc les majestés qui ne tiennent rien de la majesté de mon Dieu
crucifié ! Pour porter le vrai sceptre et la vraie décoration, qui est
la croix, il ne faut pas être Héraclius vêtu d'or, mais Héraclius
vêtu de bure, et je vous dis que la dignité *séculière* qui n'est pas
un rayonnement du Ciel, mais seulement une éclaboussure électorale de la terre, ne saura jamais remplir un ministère de médiation entre Dieu et l'homme, et par conséquent, s'établir centre
dans une société qui est religieuse ou qui n'est pas ; car une médiation de ce genre se compose nécessairement d'humilité et de
grandeur, c'est-à-dire d'un caractère humble devant Dieu, et grand
devant l'homme, comme fut le caractère du Christ et celui de
l'Évêque son successeur.

Toute la carrière pontificale de notre héros brille de cette double
majesté ineffaçable qui perpétue, avec les traits de sa double nature,
le règne souverain de l'Homme-Dieu. Toutes les carrières du sécularisme intronisé disent au contraire, avec leur éphémère vanité,
qu'il ne faut user de ce monde que comme n'en usant pas, car la
figure de ce monde passe et s'évanouit en fumée. *Præterit enim
figura hujus mundi.*

Si le caractère éternel éclipse, de si haut, la physionomie séculière, que fait à son tour l'éternel pouvoir, vis-à-vis d'un pouvoir
temporel ? Lisez la vie épiscopale de l'Archevêque de Magdebourg
et vous le saurez pour battre des mains devant cette grande autorité chrétienne disposant de la plus grande autorité humaine pour
le triomphe du Christ et pour la paix de l'Univers. C'était alors,
comme aujourd'hui, le temps des attentats séculiers contre l'ordre
clérical, le temps où les Henri et les Lothaire jetaient les pavés de
l'Empire contre les murs de la cité de Dieu, le temps où le sécularisme s'insurgeait jusques dans les rangs du plus haut clergé et
s'érigeait en schisme insolent dans l'anti-pape Pierre de Léon.
Mais Norbert, c'est-à-dire l'épiscopat fidèle, l'épiscopat apostolique,
l'épiscopat champion de l'éternité, Norbert était là conjurant la
tempête en jetant à la mer son passé de courtisan, son présent de
conseiller et son avenir de rival des rois, plutôt que d'amoindrir
son autorité d'évêque en sacrifiant au séculier le régulier divin. Il
fit trembler les persécuteurs sur leur trône, il assiégea l'ambition
de l'usurpateur sur sa chaire, il arrêta aux pieds de Rome les

nouvelles hordes de barbares armés, et le pouvoir éternel eut encore une fois raison du pouvoir temporel, son pupille révolté, et la Papauté légitime mit son pied vainqueur sur la tête de l'usurpation. A Norbert surtout revient la gloire d'avoir ainsi sauvé le monde chrétien des serres du prince de ce monde, et le plus grand honneur de sa vie est celui de son excommunication par l'anti-pape maudit, à moins que ce ne soit un honneur plus grand encore de n'avoir vaincu le monde et le pouvoir temporel qu'en les convertissant à leur devoir chrétien et en leur ménageant l'éternel salut.

Et, en revoyant ainsi Basile devant Julien, Ambroise devant Théodose et tant d'autres pontifes devant les tyrans ; en revoyant sur ce second plan de la souveraineté divine, le suprême et paternel pouvoir de la papauté qui toujours bataille, tombe et se redresse pour la liberté des âmes, on oserait dire encore que les hommes de l'éternité n'ont rien à faire avec les choses du temps ? que le Médiateur continué ne doit pas toucher simultanément à la borne qui est cette vie et à l'immensité qui est la durée sans fin ? que le *règne* du Christ, *qui est de tous les siècles*, ne peut plus prétendre qu'à son céleste retentissement et qu'il doit se taire dans ces parcelles de l'éternité qui sont son œuvre, comme des vibrations qui expirent sont l'œuvre d'un foyer qui ne tarit pas ? On contesterait le pouvoir temporel, en un mot, à Celui qui tient en main le pouvoir éternel, et un sceptre de terre au porteur des célestes clés ? Allons ! sécularisateurs aux mesquines visées ! L'éternité ne contient donc pas le temps et votre vie d'un matin qui se heurte au soir ? L'océan ne contient donc pas votre goutte d'eau d'existence qui s'évapore en voyage et celui qui y lance sa barque de pêcheur d'âmes n'aura pas le droit de remonter le fleuve qui paie tribut à la grande mer, et où s'égare si souvent le noble butin qu'il poursuit ? Dites plutôt que l'astre-roi peut bien gouverner les planètes, mais qu'il lui est défendu d'obliger les fleurs à dépendre de lui ! Dites que la paternité qui a créé l'enfant n'est pas apte à balancer un berceau, et je comprendrai que Celui qui a fait la civilisation y soit maintenant de trop !...

Le sécularisme, sous ce rapport, est une doctrine qui dépasse en ignominie la conduite de ces sauvages qui tuent leurs parents quand ils sont eux-mêmes assez forts pour trouver à manger. Chose étrange ! de l'aveu de tous, le prêtre seul parvient à rendre sociables les peuplades incultes de la forêt, mais, pour l'esprit moderne, le prêtre seul doit en être exclu, lorsque son dévouement y a porté ses fruits !... Misérables qui connaissez votre créateur sans vouloir de sa providence, votre mère, sans vouloir de ses lisières d'amour ! vous gémirez, comme le prodigue, sur la terre étrangère et désolée, jusqu'à ce que la pâture des pourceaux vous fasse vous ressouvenir des festins de la vraie famille qui vous berçait ici-bas pour essayer votre intronisation au ciel, parce qu'elle ne commande au temps qu'afin d'en reculer les frontières jusqu'à l'infinie et *infinissable* éternité. Nouvelle preuve que votre vraie famille, que votre patrie-modèle, c'est l'Église, que l'Église c'est la Papauté, que la Papauté c'est l'épiscopat souverain qui gouverne tous les autres, et que l'épiscopat c'est le *règne du Médiateur,* continué pour que chaque minute de notre destinée temporelle soit en contact avec notre immortelle destinée. Jurons donc fidélité à cette paternité qui nous engendre pour la vie éternelle et n'oublions pas que, bientôt, le temps ne sera plus : *Et juravit per viventem in sæcula sæculorum... quia tempus non erit amplius !*

J'ai, par cela même, suffisamment traité de cette autre perfection de l'état épiscopal que j'ai appelée son *œuvre indestructible.* Le prêtre, l'évêque, le pape, me réveillent toujours le souvenir de ce peintre inspiré qui s'écriait : Je peins pour l'éternité, *æternitati pingo !* En effet, Mes Frères, l'œuvre de cette puissance qui exploite la vie humaine pour en faire l'immortalité, n'est pas autre chose que la production de votre fortune céleste, de votre héritage inamissible, de votre trésor, ressource du *définitif* avenir et sur lequel ni la *rouille,* ni la *teigne* ne peuvent rien ; de votre trésor, fruit des mérites qui *suivent l'âme au delà du tombeau, poids éternel de gloire* que vous aurez acquis *d'un moment de tribulation !...*

Ah ! qu'on ne parle plus de la fortune cadavéreuse que le génie séculier offre à ses adeptes ! « *Même quand l'oiseau marche, il sent qu'il a des ailes* » ; et, tout en rampant ici-bas, je sens aussi le besoin de voler loin de la tombe où le temps s'engloutit, pour arriver à un trône que l'éternité couronne de gloire et de paix : *Elongavi fugiens !...*

Oui, le règne du divin Médiateur sera immortel jusqu'en ma propre vie : *Regnum Dei intra vos est* ; et il le sera par la vertu du *régulier* divin, qui *intervient* entre la toute-faiblesse humaine et la toute-puissance divine, pour que mon épreuve d'un instant me vaille le bonheur de toujours.

Plus j'étudie le sécularisme qui *dégrade,* qui *déprave* et qui *désespère,* plus j'ai besoin de dire avec Tacite, qui disait tant de choses en peu de mots : « **Toutes les erreurs réunies s'appellent** *siècle : Errores cuncti sæculum vocantur.* »Comme, d'autre part, plus j'étudie le cléricalisme dont la perversité moderne fait son épouvantail, mais dont la Providence se sert pour *régénérer, sanctifier* et *béatifier* le genre humain, plus je m'écrie avec saint Paul : « Méprisant les tentations séculières, vivons pour la justice, pour le sacrifice et pour la piété, même dans ce siècle dont nous ne sommes pas : *Abnegantes sæcularia desideria !* »

Merci à vous, glorieux Norbert, d'avoir vécu pour apprendre cela à votre époque et de vous être multiplié pour le rappeler à la nôtre ! Vos *Prémontrés* qui ressuscitent en nos jours de décadence, ne se sont pas établis au plein midi de la France sécularisée, sans que le génie d'En-haut les ait prédestinés à nous préserver des ténèbres de la nuit, à relever les ruines de notre vieille gloire et à rendre « *au plus beau des royaumes après celui du ciel* », son titre de fils aîné de l'Église et sa mission de soldat de Dieu ! Ainsi soit-il.

www.ingramcontent.com/pod-product-compliance
Lightning Source LLC
Chambersburg PA
CBHW060719050426
42451CB00010B/1519